LE SUÉDOIS

A PARIS.

A PARIS;

Au Palais Royal, galeries de bois, N°. 221;
au Magasin de Nouveautés;
Et chez tous les Libraires.

1792.

LE SUÉDOIS

A PARIS.

Un gentilhomme (car il en eſt encore dans l'univers) curieux d'augmenter la maſſe de ſes connoiſſances, part de Stockolm à deſſein de voir Paris, & de ſe convaincre par lui-même des merveilles qu'il entend dire de la régénération françaiſe.

Il voyage une carte à la main, & tout étonné de voir une province toute entiere à la place de la Picardie, & de n'y plus trouver de Picards, il interroge ſur ce phénomene un curé, qui, perſuadé qu'on n'eſt bon patriote qu'autant qu'on fait jurer, ne lui répond qu'en jurant.

Sur une chicane que lui fait un maître de poſte, il s'adreſſe au maire du lieu, qui ne ſachant pas lire, & portant des ſabots, ne fait que lui répondre.

Il voit des gens de la campagne armés de piques & de fuſils, qui courent à la pourſuite

A

des aristocrates, il pense que ce sont des bêtes féroces à qui l'on a donné ce nom, & lorsqu'on lui dit que ce sont des gentilshommes qui ont l'indignité d'être nobles, il se tâte, & va comme le vent.

Surpris d'appercevoir un château qu'on brûle, sans que personne se présente pour arrêter le feu, il apprend que c'est un incendie de commande pour punir les seigneurs qui s'avisent d'être mieux logés que les paysans.

Il arrive à Saint-Denis, s'élance dans l'abbaye, empressé d'y voir les mausolées, la bibliotheque, & de converser avec des savans de la congrégation de Saint-Maur; mais, quel étonnement! Il n'y a plus que quelques moines dans cette vaste & superbe maison, que des monumens qu'on est prêt à mettre en pieces, parce qu'ils portent l'effigie des rois; qu'une bibliotheque arrachée aux propriétaires, & confiée à un religieux picpus qui seul en a la clef, quoiqu'il ne connoisse ni les langues, ni les livres; (car tel est le discernement de la municipalité.)

Les bénédictins, s'écrie notre voyageur, auront, sans doute, commis quelques fautes énormes? celle de prier nuit & jour, &

d'étudier, répond un vieux domeftique en pleurant, & qui, quoique à la porte du plus fameux monaftere, annonçe par un habit én lambeaux une incroyable indigence.

Il paffe devant la maifon de Saint-Lazare, qu'il veut vifiter comme le lieu où repofent les cendres de l'immortel Vincent de Paul, un des plus grands bienfaiteurs de Paris ; & on l'affure que, par reconnoiffance, on eft au moment de la détruire.

Je favois, dit-il, les Français amateurs des nouveautés, mais je ne préfumois pas que ce fût dans ce genre. Quel goût bizarre ! des payfans pour maires ! des ju-reurs pour curés ! des ignorans pour biblio-thécaires ! des bienfaiteurs traités comme ennemis !

Dans le tems qu'il admire la porte Saint-Martin, on crie à fes oreilles qu'on va bientôt l'abattre comme l'ouvrage d'un monarque defpote.

Il s'avance jufqu'à la place des Victoires, & quand il demande où font les ftatues en-chaînées, un plaïfant lui répond qu'elles ont profité de la liberté, comme étant les feuls objets qui en jouiront.

On lui enfeigne un hôtel garni, & l'hôte

veut favoir s'il n'eft point un des émigrans, & l'hôteffe exige qu'on ouvre fes malles, pour bien examiner s'il n'y a point de canons.

Quels gens ftupides & féroces, dit-il à fon laquais! ce ne font fûrement pas des Parifiens.

Ils n'étoient que nés dans le centre de Paris.

Le lendemain dès l'aube du jour, il fe rend chez fon banquier, qui lui remet une liaffe de feuilles volantes, en place de bon or qu'on a fait compter à Hambourg, mais le papier charge moins la poche, que de gros vilains fols.

Il entre dans l'églife métropolitaine, & quand il apprend qu'il n'y a plus d'office, plus de chapitre, plus d'archevêque, il en fort en levant les épaules comme d'un temple qu'on nommera déformais *Notre-Dame de Pitié*.

Saint-Sulpice, Saint-Germain-des-Prés, avoient difparu. Il les cherche fans les trouver; mais ce qu'il ne peut croire, même en le voyant, c'eft qu'on délogeoit Dieu pour lui fubftituer un Voltaire, un Mirabeau.

Où diable eft allée l'univerfité, s'écrie-t-il, quand il apperçoit la Sorbonne, & tous les colléges fur le penchant de leur ruine! On fe contente de lui montrer une petite conftitution fophiftique, & de lui dire, qu'il n'y auroit plus dorénavant d'autre étude que celle-là où la jurifprudence, la phyfique, la politique, la géographie, fur-tout la métaphyfique fe trouvent en abrégé, & qu'au lieu de tant d'années qu'on donne à l'inftruction, il ne faudroit plus qu'une heure pour devenir favant.

Il voulut voir l'Oratoire, que les œuvres de Mallebranche & de Maffillon lui avoient fait connoître, & il crut qu'on calomnioit l'affemblée nationale, lorfqu'on l'affura qu'elle alloit diffoudre un corps auffi utile, dont le régime & les réglemens font l'ouvrage de la modération & de la fageffe, & qui mérite d'autant mieux d'être épargné, qu'il fut fans ceffe vexé par le defpotifme.

Le palais ne lui offrit que le fimulacre du plus beau fénat de l'univers ; & lorfqu'il demanda les noms de ceux qui l'avoient remplacés, il n'en ont point, lui dit-on. Au lieu des d'Aligre, des d'Ormeffon, des Séguier, des Molé, des d'Agueffeau, c'étoient *Jacquot*, *Pierrot*, *Jeannot*.

Quant au Palais-Royal, eft-ce un jardin ? eft-ce un marché ? eft-ce un mauvais lieu ? il ne put le définir.

De la gaîté Françaife ! il n'en trouva plus.

Mais voici du fingulier. Il vit la cour , & il ne vit rien. Plus d'officiers de la couronne , plus de pompe, plus d'étiquette, & pour toute magnificence, le furtout de mifere, *l'habit noir*.

Mais en revanche, il y avoit la dignité, perfonnelle du roi , de la reine , qui aux yeux des vrais appréciateurs du courage & de la vertu , attiroient les refpeéts.

Quoique proteftant , il rougit pour les catholiques , de ce qu'ils mettoient en fcene les ordres religieux, & il n'alla plus au théâtre. L'afpeét des portes cocheres toutes garnies d'écriteaux, *hôtel à vendre*, *hôtel à louer*, lui fit dire que la ville étoit au moment de partir.

Vingt jours fe pafferent à vifiter le local. Après qu'on eut parcouru les Invalides , les Enfans-trouvés , l'Ecole militaire qu'on vouloit vendre au roi, parce que Louis XV, fon ayeul , en avoit la propriété comme l'ayant fait bâtir, le Suédois attentif à tout obferver, pria un Français, auquel il étoit adreffé, de lui procurer l'occafion de voir les foux.

Je referve pour la bonne bouche, ajouta-t-il , le jour où vous voudrez bien m'accompagner à l'assemblée nationale, et me procurer cette précieuse faveur.

Le Français accepte de bon cœur la partie, & lorsqu'il a persuadé le Suédois qu'il y a des foux qui n'étant point furieux, habitent leurs maisons, & qu'on visite comme s'ils jouissoient de tout leur bon sens, il convient du jour où l'on pourra les voir.

Le tems pressoit, & l'on choisit le lendemain. Nous commencerons, dit le conducteur par un fou qui a le tic de se croire évêque d'un diocese, dont le nom est tout-à-fait hétéroclite ; effectivement en entrant chez lui ils le trouverent en soutane violette, en croix d'or, & il ne leur donna le tems ni de s'annoncer, ni de dire un seul mot.

J'ai le plus beau plan de l'univers, s'écriat-il, pour qu'il n'y ait plus de pauvre dans le monde entier. Chacun aura sa vigne, son champ, son pré, & une femme, fût il ministre du diable, ou de Dieu. J'en ai une ravissante dont le cœur palpite, toutes les fois que le mien s'agite.

L'aristocratie est le seul monstre que je connoisse, & que j'egorgerai dans la chaire même de vérité. Il parloit avec tant de véhémence que l'étranger dit à son guide : voilà ſa folie qui va redoubler : crainte d'accident ? ſortons.

Une ducheſſe qui avoit la fureur de ne vouloir plus l'être, qui abjuroit ſon beau-pere & ſon mari, parce qu'ils étoient princes, fut un objet divertiſſant pour le Suédois. Elle tenoit près d'elle une vieille fille qui, gravement, ſe diſoit couſine-germaine de la Trinité, & qui, d'après ſes prédictions, devoit paroître dans le ſoleil avec un évêque de Babylone, & un Brunonin deſcendu des Alpes pour lui ſervir de ſupports : elle comptoit marcher ſur la voûte des cieux avec des patins travaillés par les anges : elle ſe nommoit la femme aux cinq trompettes. Deux aux narines, deux aux oreilles, une à la bouche, qui proclamoient avec effort la ſouveraineté du peuple, & la canoniſation des ſaints *Briſſot*, *Chabot*, *Iſnard* & *Fauchet*.

A ce pompeux galimathias, le Suédois plaignit la pauvre humanité, ſur-tout lorſqu'il ſut qu'un prélat conſtitutionel alloit faire un ouvrage périodique de ces extravagantes viſions ; & toujours conduit par ſon guide, il ſe rendit chez un autre perſonnage qui, dans ſes accès de frénéſie, retournoit ſes petits yeux comme un chat en fureur. Il ſe pré-

tendoit le chef du pape , & faisant un ha-
chis des conciles, des canons, du janfenif-
me , il bouleverfoit l'églife catholique de la
maniere la plus étrange.

Il tenoit des cifeaux à la main qu'il difoit
l'inftrument avec lequel il avoit rogné les pen-
fions de l'état , & les ongles du clergé. Il ha-
bitoit un fol qu'il avoit efcamoté , profané,
faifant d'un lieu faint un féjour de prof-
titution.

La plus finguli..re folie s'étoit emparée d'un
autre individu, qui parloit en frénétique ; on
voulut le voir , & il commença par dire , en
rugiffant, j'ai à mes ordres trois mille mots
tous neufs, trois cent mille phrafes auffi lon-
gues que redoutables pour livrer la guerre
aux émigrans.

Quand je dis à moi *Gorfas*, à moi *Carra*,
à moi *Dumoulin*, c'eft un cri fulminant qui
fait trembler l'Europe.

Je déroule , dans un clin-d'œil , les crimes
de tous les potentats , & ils n'ofent plus
groüiller. Mon oriflamme eft une fimple affiche
que j'applique fur un pilier, et il faut, d'après
ce fignal , que tout fouverain rentre en
terre.

Quelle tête perdue ! difoit le voyageur en

gémiffant , d'autant plus que ce mal lui paroiffoit incurable.

Il ne nous manque plus , dit l'étranger à fon guide, que d'aller voir ce que vous appellez les petites maifons.

Le jour pris , on s'y rend , quand on s'eft bien affuré qu'il n'y a point de danger ; tous les foux qu'on alloit vifiter , fe trouvoient dans une même falle, au milieu d'une énorme confufion ; les uns s'évertuoient fur le compte des rois , nommant celui - ci un *BANQUE-ROUTIER ;* celui-là *un MONARQUE abruti par le defpotifme ;* les autres infultoient toutes les nations.

Des hurlemens de toute efpece invoquoient la guerre contre les fouverains, & nommoient, pour les aller combattre , cinquante & un mille hommes qui manquoient aux troupes de ligne. On fiffloit, on applaudiffoit , l'on débitoit les plus étranges abfurdités : des prêtres montroient en triomphe leurs bâtards, & prétendoient avoir droit de fe marier : des moines décloîtrés tenoient des propos qui faifoient frémir ; on ne s'entendoit pas , & tous les principes de raifon & de religion étoient renverfés.

N'aura-t-on pas tenté , difoit le Suédois à

l'oreille du Français, de guérir leur frénéfie par des bains à la glace, & par de copieufes faignées ?

Il ne reftoit plus à voir qu'une autre falle de la même efpece, avec la différence que les foux qu'elle contenoit étoient furieux ; auffi prit-on la réfolution de fe placer dans un lieu fûr, crainte d'être égratigné, mordu, & peut-être étranglé, car des foux de cette efpece étoient capables de tous les excès.

Le début parut terrible au Suédois. Au milieu des grimaces les plus effrayantes, des plus tumultueux débats, l'on fe menaçoit, on s'invectivoit, & ici l'on projettoit de mettre un duc d'Yorck à la place de Louis XVI, ce roi qui n'a que des vertus, & qui partage avec fon augufte époufe les tourmens d'un martyre que leur invincible courage fait fupporter. Là on nommoit le peuple *fouverain*, & le monarque un tyran auquel on ne doit plus pardonner. Ici l'on prétendoit qu'il devoit fanctionner la mort de fes freres, s'il vouloit être un roi citoyen ; là on accufoit la reine, la plus bienfaisante & la plus douce, de méditer des projets fanguinaires contre la nation. Plus loin s'élevoient des clameurs

contre la religion chrétienne , qu'il falloit ,
disoit-on , abolir ; & c'étoit un cri général
en faveur de la licence la plus effrénée , qu'on
appelloit liberté.

Le Suédois , justement effrayé , dit au
Français , en s'arrachant avec la plus grande
joie de ce lieu, je n'aurois jamais imaginé
qu'il y eût tant de foux dans Paris , & qu'ils
y fussent aussi turbulens ; mais de grâce ,
ajouta-t-il , pour oublier ces scenes de tristesse
& d'horreur, conduisez-moi chez vos législ-
lateurs & chez vos sages , que j'ai gardé
pour la fin. Une séance à votre assemblée
nationale me rendra la respiration , car je suis
suffoqué.

Il est tems , lui répondit le Français avec
ingénuité , il est tems de vous détromper sur
le compte des personnages que je vous ai fait
connoître à titre de foux.

Le premier est Fauchet , évêque du Calvados.

Le second , la duchesse de Bourb....

Le troisieme , la demoiselle Brousse, dirigée
par dom Gerle , chartreux.

Le quatrieme , Camus, avocat.

Le cinquieme , Prudhomme.

Et les deux assemblées que vous avez vues
ne sont composées que de nos hommes les plus

merveilleux. En les écoutant vous avez entendu les peres de la patrie, les repréſentans de la nation, que les médecins encenſent, que les évêques conſtitutionnels élevent juſqu'aux nues, que le peuple diviniſe.

A ces mots, le Suédois s'enflamme, ſoutient qu'on le joue, parce qu'il n'eſt pas poſſible qu'une aſſemblée conſtituante ſoit auſſi ſcandaleuſement déraiſonnable, veut en tirer vengeance; & lorſqu'enfin le Français & le Suédois ſont prêts à ſe battre, des témoins s'approchent, & proteſtent, ſur leur honneur, au gentilhomme Suédois qu'on ne lui a rien dit que de très-vrai.

Il demande qu'on remette l'affaire au lendemain, pour avoir le tems de s'inſtruire plus à fond d'une ſi ſinguliere aventure.

On défere à ſon déſir; & ſe trouvant enfin convaincu de maniere à ne pouvoir douter, il prend la main du Français, ſon agréable guide, le remercie de ſa complaiſance & de ſon adreſſe à lui faire connoître les folies de l'aſſemblée & du club, lui dit:

Non, je le jure, mes fils ne viendront jamais à Paris, ou cette capitale, maintenant plongée dans les horreurs de la miſere, de la démence, de l'anarchie, reprendra son premier bon sens & son ancienne splendeur.

Il remonte dans sa voiture, retourne à Stockolm; & le compte qu'il rend de Paris à ses concitoyens, c'est qu'excepté les tours de Notre-Dame, il n'y a rien dans cette capitale que la révolution n'ait détruit ou défiguré, & que la France entiere ne sera plus qu'une vaste commune où les habitans sans émulation, sans subordination, sans religion, paîtront, tant bien que mal, à la maniere des animaux dont la force fait toute la loi.

F I N.

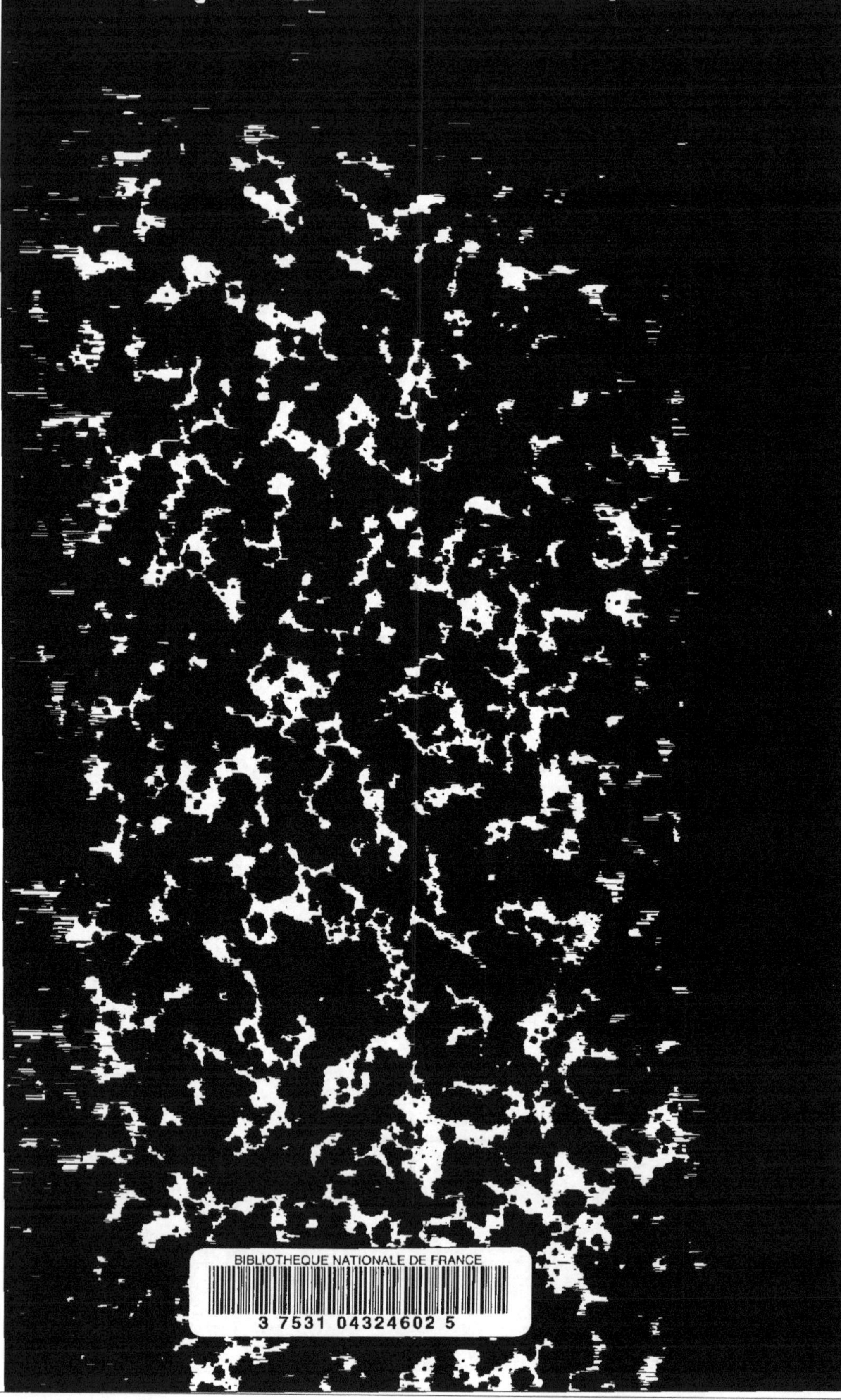

www.ingramcontent.com/pod-product-compliance
Ingram Content Group UK Ltd.
Pitfield, Milton Keynes, MK11 3LW, UK
UKHW021633130726
13696UKWH00005B/2162